BOISELLE

Bibel-Sprich uff Pälzisch

Iwwertraache vum
Michael Landgraf

Illuschdriert vum
Steffen Boiselle

AGIRO

Inhalt

Vorwort

Über das Leben, über Gott und die Welt – Bibelworte sind voll von guten Gedanken und überraschenden Einsichten.

In das Pfälzische übertragen, wirken viele von ihnen sogar noch unmittelbarer. Verbunden mit den Illustrationen lassen die „Bibelsprich uff Pälzisch“ neu über die reiche Welt der biblischen Botschaft nachdenken.

Für Nichtpfälzer werden Begriffe, die mit einem Sternchen * versehen sind, im Kapitel „Pälzisch fer Noigschmeggde“ erkärt. Lieder und eine historische Reise beschließen die „Bibelsprich“, die letztlich auch motivieren wollen, eigene Erkenntnisse in die Muttersprache zu übertragen.

Wir wünschen Ihnen beim Lesen
und Betrachten viel Vergnügen
und Inspiration!

Steffen Boiselle
(de Kinschdler)

Michael Landgraf (de Schreiwer)

Iwwer de Herrgott

Gugg emol*,
moin Liewer!
Allzeit bin ich
bei der un
bass iwwerall*
uff dich uff,
ganz egal,
wu du hielaafscht.

1. Mos 28,15

De Herrgott
duht dich behiede,
egal wu du grad
noidabbscht*.

Psalm 121,8

Mir henn än Herrgott,
der uns helfe duht.

Psalm 68,21

Wie unner äm
Scherm
bin ich beim Herrgott
sicher un brauch
kää Angscht hawwe.
Do kann ich froh soi
un iwwer en singe.

Psalm 32,7

De Herrgott basst uff
allminanner* uff,
die sich net selwer
helfe kenne.

Psalm 116,6

Er lecht uns Laschde
uff unsern Buggel.
Awwer er duht
uns aa helfe.

Psalm 68,20

Ich weeß, was ich
iwwer eich denke duh,
saacht de Herrgott.
Ich will hawwe, dass ehr
guud zammeleewen un
net de Lääde* habt.

Jeremia 29,11

Doi Wort, des is
wie ä Lamp
fer moi Fieß
un ä Licht
uff moim Weech.

Psalm 119,105

De Herrgott is
wie ä Lamp.
Der sorcht dodefor*,
dass mer iwwehaupt
ebbes* sehe kennen.

Psalm 27,1

Wie ä Glugg
wollt ich eich
unner moi Fliechel
zammehole
un uff eich uffbasse.

Lukas 13,34

Du duhscht
mich tröschde,
wie ä Mudder
des bloß kann.

Jesaja 66,13

Kummen allminanner*
her zu mer.
Eich, denne es
net guud geht,
denne will ich
Guudes duh.

Matthäus 11,28

De Herrgott
is moin Felse
un moi Burch.

Der duht mich
schitze
un ich bin
do guud
uffghoowe.

Psalm 18,2

De Herrgott is wie
ä Schild,
des mich beschitze duht
vor allem Iwwel.

Psalm 3,4

Ehr kennen all eier Sorche
beim Herrgott ablaade.
Der duht fer eich sorche.

1. Petrus 5,7

Himmelherrgott!
Du bischt wie än
starke Keenich, vor dem
se allminanner*
Reschpekt henn.

Psalm 99,1

Wann de Herrgott
uff unserer Seit is,
wer kann do eichentlich
allweil noch geche uns soi?

Römer 8,31

All des, was mer
helfe kann uff derre Weld,
des kummt vum Herrgott,
der wu all des gschaffe hot,
was es gebt im Himmel
un uff de Erd.

Psalm 121,2

De Herrgott is moin Hird.
Mer werds an nix fehle.
Er losst mich uff ännere
grien Wiss* weide un bringt
mich zum frische Wasser.
Moinere Seel duht er Guudes.
Er zeicht mer de richdiche Weech.
Un wann ich schun emol dorch
ä dunkel Daal wannere musst,
selbscht do hab ich
kää Angscht hawwe misse.

Du bischt immer bei mer.
Doin Hirdestaab richt mich uff.
Moin Disch is voll, aa wanns Leit
net guud mit mer määnen.
Du duhscht mich mit Eel salwe
un mer allzeit voll oischenke.
Moi ganzes Leewe* lang
bischt du barmherzich zu mer.
Mer werds allzeit guud gehe.
Desdeweeche* will ich aa
allzeit zu der halde."

Psalm 23

Iwwer de Jesus

Jesus is de Erschde
un de Letschde
un de Lebendische
vun Eewichkeit zu Eewichkeit.

Offenbarung 1,17

De Jesus is kumme,
um die zu suche un froh zu mache,
die sunscht verlore gehe deeden.

Lukas 19,10

Ich bins Licht
vun derre Weld.

Die wu mit mer gehn,
die henn des Licht
vum Leewe* un bleiwen
net im Dunkle hogge*.

(saacht de Jesus)
Johannes 8,12

Ich bin de Weech
un die Wohret*
un des Leewe*.
Zum himmlische Vadder
kummt ma bloß
iwwer mich.

(saacht de Jesus)
Johannes 14,6

Es gebt nix
uff derre Weld,
was uns vum Jesus
un derre Art und Weis,
wie er uns liewe duht,
ausänannerbringt.

Römer 8,39

Wer vun moim Wasser trinkt,
der werd im Leewe*
nie widder dorschdich* soi.

(saacht de Jesus)
Johannes 4,14

Ich bin de Woistock*
un ehr sinn
moi Reewe.

(saacht de Jesus)
Johannes 15,5

Weechem Jesus
un dem, was er uns
Guudes gebrocht hot,
do brauche mer uns
net zu schämme.

Des is nemlich
ä Kraft, die
vum Herrgott kummt.
Un wer dodruff*
vertraue duht,
der is soi ganz Leewe*
froh un glicklich.

Römer 1,16

Iwwer de Mensch

Himmelherrgott!
Was is dann schun
so än klääne Mensch,
dass du iwwerhaupt
an en denke duhscht?

Psalm 8,5

Als Mensche sinn mer bloß
Gäscht* uff derre Weld.

Psalm 119,19

Frooch bloß net, warum
sellemols* alles besser war.
Dodemit* zeigscht du bloß,
dass du des Leewe*
noch net kennscht.

Prediger 7,10

Än Mensch kann bloß sehe,
was er vor de Aache* hot.
Awwer de Herrgott,
der guggt* in jedem
in soi Herz noi.

1. Samuel 16,7

Bei all dem,
was ehr duhn,
machens aus vollem Herze.
Sunscht werd des nix.

Kolosser 3,23

Hab kää Angscht!
Ich hab dich gerett.
Bei doim Name
hab ich dich gerufe.
Du bischt moi!

Jesaja 43,1

Än Mensch kann net
alläää vum Brot leewe*.

Lukas 4,4

Die Gsunde brauchen kään Dokter.
Bloß die Leit, die malaad* sinn.

Matthäus 9,12

Die wo määrb* worre sinn,
denne solls guud gehe.

Jer 31,25

Bei uns Mensche duhn
owends* schunnemol
die Träne fließe.
Am Morche awwer,
do sieht die Weld
widder annerscht aus.
Do kennen mer
widder juuble
un uns frääe.

Psalm 30,6

Än Mensch is in soim Leewe* wie Gras.
Er blieht wie ä Blum uff em Feld.

Wann de Wind driwwer weht,
is se weg.
Am End weeß ma ääfach nimmi,
wu se mol geweese is.

Psalm 103,15-16

Iwwer Alde und Junge

Froochen die Alde,
wie des sellemols* war.
Do erscht werren ehr sehe,
wu eier Worzle* sinn.

5. Mos 32,7

Die Junge kennen stolz soi
uff des, was se druff henn,
die Alde uff ehr grooe* Hoor.

Sprüche 20,29

Gugg* net nunner* uff alde Leit.
Bloß wanns fer dich werklich
guud laaft im Leewe*,
werscht du aa mol so.

Sirach 8,6

Lossen die Kinner
bloß zu mer kumme.
Guggen* eich norre*
vun denne was ab.
Denne gheert alleweil schun
die nei Weld, die de Herrgott
mol mache werd.

(saacht de Jesus)
Markus 10,14

Ehr sinn allminanner*
Kinner vum Herrgott.
Er hot in eier Herz soin
Heiliche Geischt geleecht.
Desdeweeche* derfe mer
allminanner* zu em saache:
„Abba“, des määnt:
„unser liewer Babba!“

Galater 4,6

Iwwers Zammeleewe* un de Zoores*

Des is net guud,
wann än Mensch
allää is uff derre Weld.

1. Mose 2,18

Eise werd mit Eise
scharf gemacht.
Än Mensch kriecht
soin Schliff bloß
dorch annere Leit.

Sprüche 27,17

Dienen eich gecheseidich,
allminanner* mit dem,
was ehr guud hiekriechen.

1. Petrus 4,10

Manche Leit sinn wie Bluuteechel.
Die sachen: „Geb mer! Geb mer!“
Un dann sauchen se äm
so richtich aus.

Sprüche 30,15

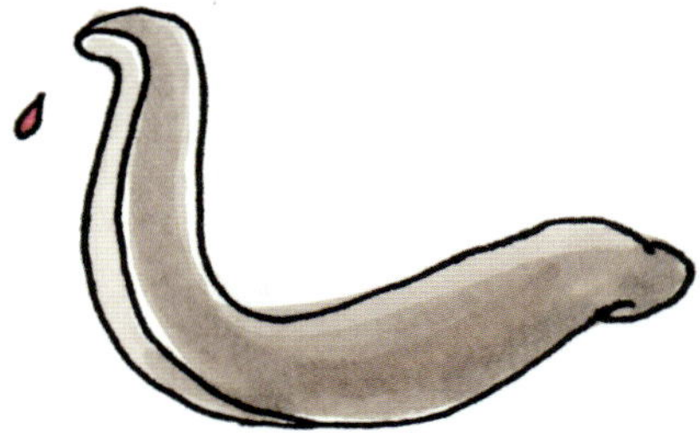

Loss dich net vun äm Geizhals oilaade.
Der rechent alles zamme.

Sprüche 23,6-7

Wann de mit annere
däälscht, werscht
selwer bschenkt.
Wann de de Dorscht
vun annere schdillscht,
dann bleibscht
selwer net dorschdich*.

Sprüche 11,25

De Aafang vun äm Zoores*,
des is wie ä uudichdi Stell an äm Damm.
Wann de net uffbascht, gebts ä Kataschdroph.

Sprüche 17,14

Egal, was de mache duscht,
hot des soi Folche:
Schittel Milch, un du kriegscht Budder.
Batsch äm uff die Naas, un Bluut fließt.
Ärcher die Leit, un du kriegscht selwer Zoores*.

Sprüche 30,33

Wer iwwer annere
net dummbabbelt*,
der duht sich
viel Ärcher erspare.

Sirach 19,6

Es sinn mehr Leit
weechen spitze Zunge
ums Leewe* kumme,
als weechen
scharfe Schwerder.

Sirach 28,18

Es gebt Momende
im Leewe*,
do isses besser,
dass ma die Gosch halt
un nix babbelt.

Sirach 32,4

Wann de net
ertraache kannscht,
dass ma der saacht,
wann de dummes Zeichs
gemacht hoscht,
dann bleibscht
fer eewich bläääd!

Sprüche 12,1

Wer sich net ännere losst,
der schmeißt soi Leewe* fort.

Sprüche 15,32

Än kluuche Mensch werd
dich dodefor* gern hawwe,
dass de em soi Fehler
zeiche duhscht.

Sprüche 9,8

Sinn net manche Sprich
wie Messerstich?
Dodegeche* kennen
Sprich vun weise Leit
ääm gsund mache.

Sprüche 12,18

Sorche kennen än Mensch
so richtich nunnerzieche*.
Awwer ä guudes Wort,
des richt em widder uff.

Sprüche 12,25

Iwwers rechte Verhalde

Du sollscht de Herrgott,
un doin Nägschde liewe
wie dich selwer aa.

Lukas 10,27

Des Wichtigschte
im Leewe* is,
dass ma glaawe,
hoffe un liewe duht.
Annere zu liewe,
des is awwer
des Greeschte
vun allem.

1. Korinther 13,13

Lossen uns unnernanner
lieb hawwe,
weil de Herrgott
uns zuerscht lieb ghabt hot.

1. Johannes 4,19

Behanneln alle Leit so,
wie ehr selwer
behannelt werre wollt.

Matthäus 7,12

Lernen allminanner*,
Guudes zu duh.

Jesaja 1,17

All die, die an de Jesus glaawen,
waren ä Herz un ä Seel.

Apostelgeschichte 2,44

Ehr sinn des Salz
vun derre Weld.
Ohne eich is alles faad.

Matthäus 5,13

Ehr sinn des Licht
vun derre Weld.

Stellen eier Licht
net unner än Äämer.
Des geht sunscht aus.
Lossen liewer eier Licht
leichde unner de Leit.

Matthäus 5,14

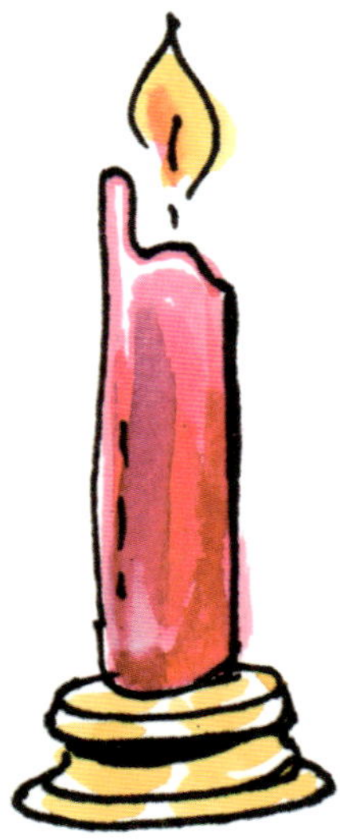

Ehr sollen grad so barmherzich soi,
wie eiern Vadder im Himmel
barmherzich is.

Lukas 6,36

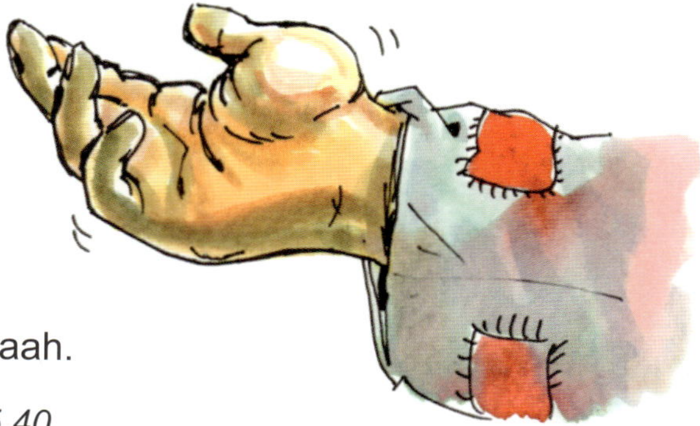

Des saach ich eich:
All des, was ehr äm
vun moine ärmschde
Brieder aagedaah habt,
des habt ehr mer aagedaah.

Matthäus 25,40

Ebbes* zu gewwe is seelicher
als wie ebbes* zu nemme.

Apostelgeschichte 20,35

Seelich sinn,
die uff des heeren,
was de Herrgott alles saacht,
un sich dodenooch* richden.

Lukas 11,28

Besser isses,
mehr uff de Herrgott
als wie uff die Leit zu heere.

Apostelgeschichte 5,29

Jeder soll
des Päckel
vum annere traache.
Des is des,
was de Jesus
vun uns hawwe will.

Galater 6,2

Frääen* eich mit denne,
die sich frääen.
Groinen mit denne,
die traurich sinn.
Stehen zamme
un määnen bloos net,
ehr sinn was Besseres.
Halden eich net fer gscheit.
Duhn alle Mensche Guudes
un zahlen kääm was hääm.
Halden liewer
unnernanner Friede.

Römer 12,15-18

Seelich sinn die,
die fer de Friede sorche.
Vun denne werd ma saache,
dass se die Kinner
vum Herrgott sinn.

Matthäus 5,9

Ich bin de Herrgott, der eich
aus Egypte nausghoolt un eich
die Freiheit gschenkt hot.

Desdeweeche* sollschte
kään annere Gott aabeede.
Du sollscht der kää Bild mache un
de Name vum Herrgott heilich halde.

Am Sunndaach sollschte der Zeit nemme
fer de Herrgott un fer doi Leit.

Doi Eldere sollschte guud versorche.
Du sollscht känner umbringe.
Mit verheiradede Weibs- und Mannsbilder
sollschte net rumbussiere, un aa
sunscht kääm was wegnemme.
Du sollscht iwwer annere nix babble,
was net stimme duht,
un am End nix hawwe wolle,
was der net selwer gheert.

2. Mose 20 (Die Zehn Gebote)

Iwwers Esse un Trinke

Ä freelich Herz sorcht
fer än guude Abbedid un
fer ä guudi Verdauung.

Sirach 30,23

Wer sich soin Ranze vollschlacht,
kricht Bauchweh un
konn net schloofe.
Der wu beim Esse uffbasst,
der schlooft gsund
un dem gehts guud.

Sirach 31,20

Bleiwen bloß fort vun denne Leit,
die sich mit Woi* vollaafe lossen
un sich de Bauch
mit Flääsch vollstoppen.
Die wern irchendwann bloß noch
in Lumbe rumlaafe*.

Sprüche 23,20-21

Woi* macht luschdich,
Eel macht schee,
un Brot gebbt Kraft.

Psalm 104,15

Frää dich beim Brot esse
un beim Woi* trinke.
So wills de Herrgott.
Nemm des Leewe*
wie ä Fescht.
Genieß jeeden Daach,
den de Herrgott der
gschenkt hot.

Mach all doi Zeichs aus vollem Herze.
Du bischt allweil uff em Weech dohie,
wu kään Mensch zrickkummt.
Wann de dood bischt, is alles rum.
Awwer känner kann der saache,
wann des is.

Prediger 9,7-10,12 (Auswahl)

Iwwers Beede

De Herrgott is bei denne, die en aarufen.

Psalm 145,18

Wann ehr bidden, dann krichen ehr ebbes*.
Wann ehr suchen, dann finnen ehr ebbes.
Wann ehr aakloppen, dann werd eich die Deer uffgemacht.

Matthäus 7,7

Unser Vadder im Himmel,
doin Name is uns heilich.
Doi neie Weld werd kumme.
Was du willscht, werd bassiere,
drowwe im Himmel odder
bei uns uff de Erd.
Geb uns jeden Daach,
was zum Leewe* needich is.
Vergeb uns, wann mer
schuldich worre sinn,
un mer vergewwen denne,
die uns was aagedaah henn.
Bass uff, dass mer net
in Versuchung kumme.
Hol uns raus aus dem,
was bees un schlimm is.
Weils Himmelreich, die Kraft
un die Herrlichkeit
sinn eewich doi.
Amen – des määnt:
So solls soi!

Matthäus 6,9-13 (Vaterunser)

Danken dem Herrgott.
Der määnts guud
mit uns ohne End.

Psalm 107,1

Loob de Herrgott,
moi Seel,
un vergess net,
was er der
Guudes gedaah hot.

Psalm 103,2

Ich will vum Herrgott
moi Leewe* lang singe.
So lang ich leeb,
will ich en loowe*.

Psalm 104,33

Iwwer die Zeit un was noch kummt

Wu zwee oder drei Leit
in moim Name beisamme sinn,
bin ich midde dodebei*.

(saacht de Jesus)
Matthäus 18,20

Ehr allminanner* brauchen
kää Angscht hawwe.
Ich bin bei eich an alle Daach,
bis es nimmi weider geht
mit derre Weld.

Matthäus 28,20

Wann de Herrgott
des hawwe will,
dann werre mer
eewich leewe*.

Jakobus 4,15

All des, was bei
uns Mensche bassiert,
des hot soi eicheni Zeit.

Es gebt die Zeit
zum gebore werre
un zum sterwe,
zum planze
un zum ernde,
zum baue
un zum abreiße,
zum groine
un zum lache,
zum Zoores* hawwe
un sich zu vertraache.

Bloß beim Herrgott
is alles eewich.

Prediger 3

Vertrau uff de Herrgott,
grad egal, wellen Weech du laafscht.
Doi Hoffnung kannscht uff en setze,
der werds schun richde.

Psalm 37,5

Dem Herrgott
soi Engelcher,
die bassen
uff dich uff,
ganz egal,
wo de hiegehscht.

Psalm 91,11

Bleib ganz ruhich, moi Seel,
un duh uff de Herrgott hoffe.

Psalm 62,6

Nix Neies gebts
unner derre Sunn.
Is irchendebbes*
uff derre Weld
werklich nei?

All des, was es gebt,
is schunnemol
bassiert.

Prediger 1,9

Am End werd de Herrgott
bei de Leit wohne un
ehr Träne abwische vun de Aache*.
De Dood* werds dann nimmi gewwe –
kää Läädе*, kää Geplärr* un
kää Schmerze mehr uff derre Weld.
De Herrgott werd alles nei mache.
Ich bin's A un's O,
de Aafang un's End vun allem.

Offenbarung 21,3-6

Pälzer Psalm-Lied

Text: Michael Landgraf

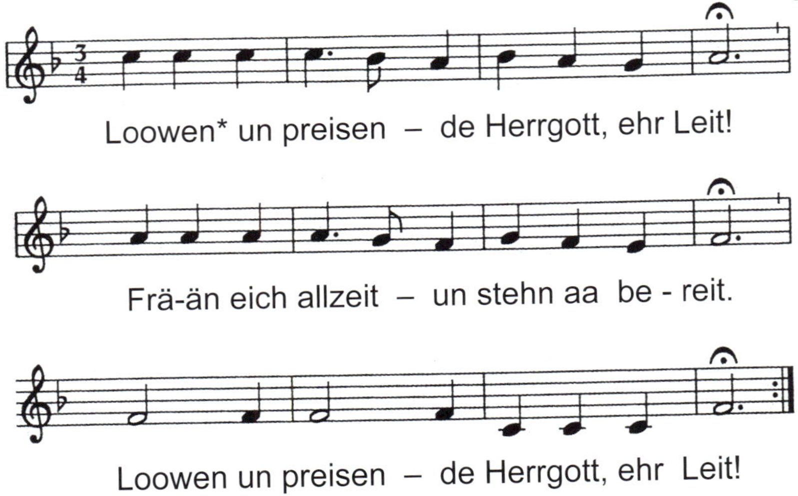

noch em Psalm 67,4-6

(Evangelisches Gsangsbuch (EG) 337/ kaddolisches Gotteslob (GL) 282)

Pälzer Bibel-Lied

Text: Oliver Jaehn
(Westpfälzisch)

*1. Wie gut, dass mir Doi Wort han,
fer jeden neie Daach.
Mer kennen do-no leewe*,
un läse kenn mer‘s ach.
Du hasch gesaat, wenn mir des dun,
dann wer mer‘s Leewe finne.
Doi Biwel – Leewenswort!*

*2. Deshalb saa isch Dir „Dank`schää!“
aus tiefschtem Herzensgrund.
Doi Biwel dut verzeehle
vun doinem Leewensbund,
den Du mit uns geschlosse hasch
voll Lieb, voll Gnad, voll Wohrhet.
Bleib bei uns – Leewenswort!*

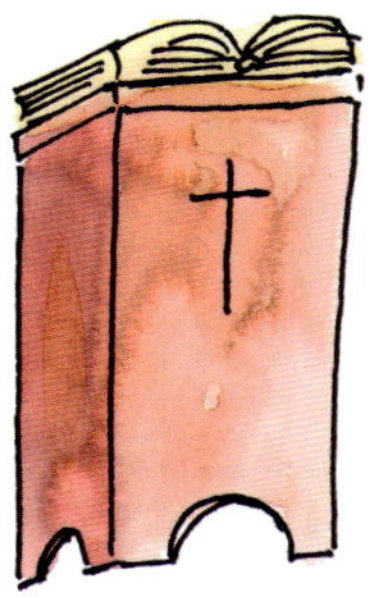

*3. Deswee will ich‘ behalle
in Herz, Kopp un Verstand.
Domit kann ich gut leewe
unn beed mit Wort un Hand,
dass Du fer immer bei mir bleibsch,
mir zeigsch de Wäg zum Leewe
mit deinem Leewenswort.*

*„Wohl denen, die da wandeln“
(EG 295/GL 614)*

Pälzisch fer Noigschmeggde*

Kurze Einführung für Nichtpfälzer

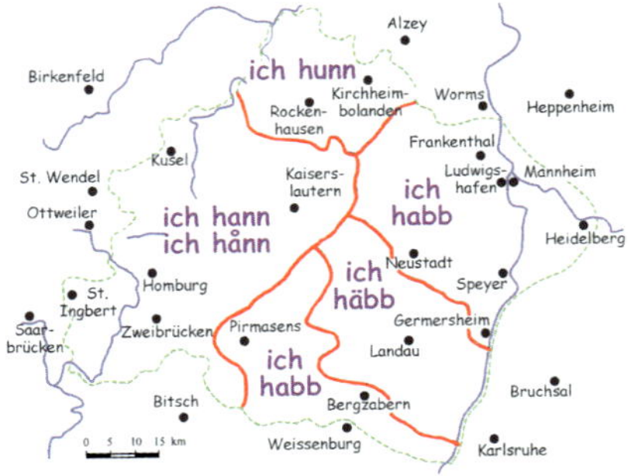

Rund 1,5 Millionen Menschen leben im pfälzischen Sprachraum, den der Sprachforscher Rudolf Post unterteilt in:
Ost- und Kurpfälzisch *(„Ich hab")*
Nordpfälzisch *(„Ich hunn")*
Südpfälzisch *(„Ich häbb")*
Westpfälzisch *(„Ich hann").*

Kennzeichen des Pfälzischen:
Lang ziehe*:* Dehnungen. „Sagen" wird „saache".
Korz mache*:* Lange Worte werden verkürzt. „Auch" wird „aa", „zusammen" wird „zamme", „auf" wird „uf/uff".
Umwandle*:* Au, äu, ei und eu werden im Pfälzischen umgewandelt oder auf das Mittelhochdeutsche zurückgegriffen. „Wein" wird „Woi", „Kreuz" wird „Kreiz".
Weech mache*:* „Lenisierung" (Konsonantenerweichung). „Tag" wird „Daach", „Mutter" wird „Mudder", „aber" wird „awwer".
Vermeidung des Genitiv*:* „Ä Glas vum beschde Woi".
„Als" wird „wie"*:* „De Karl is klääner wie de Heinz".
„Singen" *und* ***„Nasalieren"*** beim Sprechen ist, je nach pfälzischer Region, unterschiedlich stark ausgeprägt. Besonders in der Kurpfalz „singt" man gern: „Ajo-o-o" für „Ja".

(Ausführlich in: „Bibel uf Pälzisch" von M. Landgraf / E. Hollerith, Verlag Regionalkultur)

Kleines pfälzisches Wörterbuch

Aache: Augen
allminanner: alle miteinander
desdeweeche: deshalb
dodefor: dafür
dodebei: dabei
dodegeche: dagegen
dodemit: damit
dodenooch: danach
dodruff: darauf
dorschdich: durstig
dummbabbeln: Dummes oder Schlechtes über jemanden reden
ebbes: etwas
frääen: freuen
Geplärr: Schreien, Klagen
Gäscht: Gäste
grooe: graue
gugge: schauen
gugg emol: schau einmal
krieche: bekommen
iwwerall: überall
hogge: sitzen
Läääde: ein Leiden haben
Leewe: Leben
loowe: loben
määrb: mürbe, müde; Zustand völliger Erschöpfung
malaad: krank
noidabbe: hineintreten
Noigschmeggde: Hinzugekommene, Zugereiste
norre: nur
nunner: hinunter, herunter
owends: abends
rumlaafe: herumlaufen
sellemols: damals
Wiss: Wiese
Wohret: Wahrheit
Woi: Wein
Worzle: Wurzeln
Zoores: Streit

Bibel uff Pälzisch?

oder

Wann de Luther än Pälzer gewest wär …

Welche Sprache ist der Bibel angemessen?

Diese Frage stellt sich bei jeder Übersetzung. Um 850 übersetzte Ottfried von Weißenburg die Bibel ins Rheinfränkische, die Wurzel des Pfälzischen. Doch damals hieß es: Allein Hebräisch, Griechisch und Latein seien die Sprachen Gottes.

Bis zur Reformation las man die Bibel im Gottesdienst auf Latein. Erst Martin Luther setzte sich dafür ein, dass die Bibel den Menschen in ihrer Sprache vermittelt wurde. Er sagte: Man muss *„den Leuten aufs Maul schauen“*, um sie gut zu übersetzen. Aber in welche Sprache? Luther sah den Menschen rund um Wittenberg „aufs Maul“. Was aber, wenn er damals nicht in Wittenberg, sondern in Heidelberg oder Neustadt an der Weinstraße gelehrt hätte?
Wenn Luther Pfälzer gewesen wäre, würde die Bibel heute sicher „Hochpfälzisch“ klingen. Und da die Luther-Bibel Grundlage für das Hochdeutsche ist, dürfte heute vermutlich jeder in Deutschland so reden wie die Menschen in der schönen Pfalz.

Die Bibel in der Pfalz

oder

Warum passt auf manchen Altar in der Pfalz nur eine Bibel?

Wer Kirchen in der Pfalz besucht, wundert sich manchmal, wie klein der Altar ist. Der Grund: Die Kurpfalz war das erste Fürstentum in Deutschland, das den reformierten Glauben annahm. Diese Glaubensrichtung sagt: „Die Bibel ist das Wichtigste. Nichts darf von ihr ablenken." *„Alläa die Biwel, un sunscht nix!"* – hieß dies hierzulande. Daher baute man Altäre, auf denen lediglich Platz für eine Bibel war, hatte schmucklose Kirchen und hielt schlichte Gottesdienste.

In dieser Zeit vor rund 450 Jahren wurden in Neustadt an der Weinstraße bei Matthäus Harnisch Bibeln gedruckt. Es waren die ersten Lutherbibeln mit Verszählung und Kommentaren aus reformierter Sicht – heute noch berühmt als die „Neustadter Bibel".

AGIRO Verlag
Steffen Boiselle & Clemens Ellert
Sauterstraße 36
67433 Neustadt an der Weinstraße
Fon: 0 63 21 - 48 93 43
Fax: 0 63 21 - 48 93 45
Mail: info@agiro.de

Reihe: Veröffentlichungen des Pfälzischen Bibelvereins 6
Bibelhaus Neustadt, Stiftstraße 23, 67434 Neustadt
www.bibelverein.de

Satz & Layout: Clemens Ellert
Lektorat: Ines Boiselle
ISBN: 978-3-939233-06-0

Weitere Informationen unter:
www.agiro.de